MONIKA GHEZZI

novum pro

© 2021 novum Verlag

ISBN 978-3-99107-135-8
Lektorat: Anna Paul
Umschlagfoto:
Svetlana Foote | Dreamstime.com
Umschlaggestaltung, Layout & Satz:
novum Verlag
Innenabbildungen: Monika Ghezzi

Die von der Autorin zur Verfügung
gestellten Abbildungen wurden in der
bestmöglichen Qualität gedruckt.

Gedruckt in der Europäischen Union
auf umweltfreundlichem, chlor- und
säurefrei gebleichtem Papier.

www.novumverlag.com

Bibliografische Information
der Deutschen Nationalbibliothek:

Die Deutsche Nationalbibliothek
verzeichnet diese Publikation in
der Deutschen Nationalbibliografie.
Detaillierte bibliografische Daten
sind im Internet über
http://www.d-nb.de abrufbar.

Aufgewacht, nachgedacht,
weg wollen, anderes Land,
andere Stadt.
Warum nur fehlt die Beständigkeit,
obwohl ich alles hab'?
Immer auf der Suche,
die Gegenwart steht nie zu Buche.
Der Gedanke, im anderen Land
wäre alles besser, keine Probleme,
keine Stresser.

Müde bist du,
fühlst dich schwach,
der Geist so wach, denn du
denkst nach.
Unsicher, Ungewissheit,
Angst davor, was bringt
die Zeit.
Willst positiv nach vorne sehen,
lässt es aber doch geschehen,
dass Angst und Zweifel dich
begleiten.
Willst die Zeit zurück dann drehen,
so, als wäre nichts geschehen, denn
Angst und Zweifel dich begleiten
in allen deinen Lebenszeiten.

Einen Tag, den ich nicht so gerne mag:
Glücksgefühle, Aufgewühle,
Traurigkeit und wenig Ziele.
Positiv nach vorne gehen
und dann doch im Regen
stehen.
Hoffen, bangen, auf und ab,
Ängste machen niemals schlapp.
Finde keinen Platz
in dieser Welt,
mir ist, als ob mich niemand
hält.

Das Schweigen tut so weh,
auch, weil ich es nicht versteh'.
So gerne würde ich mit dir träumen,
möchte einfach nichts versäumen.
Jeder ist für sich allein,
weiß jetzt gerade gar nicht, was wird sein.
Vielleicht will ich was anderes als du,
ich schaue schon so lange zu.
Schweigen, schweigen immerzu.

Was aber, wenn du niemals den Seelenpartner findest?
Was, wenn es so was gar nicht gibt?
Was, wenn du niemals wirklich geliebt?
Woher willst du wissen, was wahre Liebe ist?
Vielleicht musst du nur warten, bis das Leben
und die Liebe dich einfach küssen.

Vielleicht denk' ich zu viel,
weil ich zu viel will.
Ich wünsche mir so sehr,
die Stille tief in mir.
Dann könnt' ich ganz bescheiden
das Chaos in mir vermeiden.

Ich seh' dein Gesicht, tausend Bände es spricht.
Dein Lächeln so fein und so klar.
Dein ernster Blick dem Kummer so nah.
Die Augen, mal müde,
mal zornig und auch mal ganz wach,
erzählen so vieles von Leid und von Schmach.
Dein Mund, mit den zärtlichen Lippen,
verspricht mir den Himmel,
doch es kann auch mal kippen.
Ich schau dich so gern an,
du bist wie ein Buch,
in dem ich dann finde, was ich gerade such'.

Sehnsucht ergreift von mir Besitz,
geheimnisvoll und nicht geschützt,
denn ich weiß nicht, woher sie kommt.
Sie führt mir vor die Traurigkeit,
die Tränen, die sind auch nicht weit.
Sie macht mich schwach und suchend,
doch finden tu' ich nichts,
denn wie gesagt, das Geheimnis aus ihr spricht.
Musik erfüllt mein Leben,
ihr kann ich mich ergeben.
Das Herz und auch die Seele
ständig dann am Schweben.
Der Rhythmus mich verführt,
die Worte mich berühren.

Die große Last liegt auf dem Ast,
den Baum, den stört es kaum.
Er steht im Park, so groß und stark,
umringt von Blumen spricht er zart:
Dem Regenbogen, dem wäre ich gewogen.
Würd' mich erfreuen an seinen Farben,
könnt die Welt sich daran laben.

Egoismus, Despotismus und
Narzissmus beherrschen diese Welt,
nur das Wichtigste, das fehlt.
Alle sind mit sich beschäftigt,
schauen nicht nach anderen,
immer höher, immer weiter,
denken nur an Wegbereiter.
Sehen das Wesentliche nicht,
sind oft in Gedanken schlicht,
regeln alles mit dem Verstand,
keiner reicht dem anderen die
Hand.

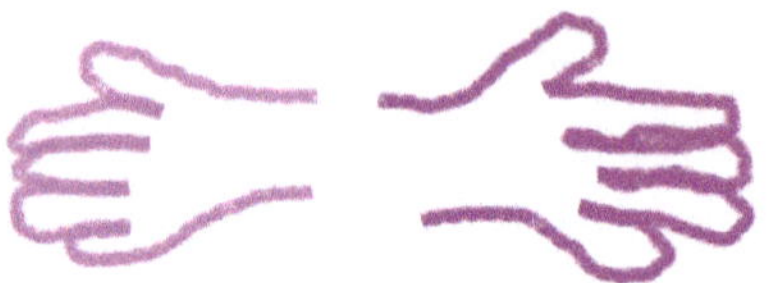

Ich bin gern allein, nur die die Einsamkeit ist nicht mein
Fühl mich oft dann unvollständig, weiß nicht, wie soll ich
ihr begegnen, kann mich nicht in ihr erleben. Weiß nicht,
was ich noch kann tun, um ihr zu entfliehen.
Oft ist's in mir drinnen, will von dannen ziehen.

Leise schlägt das Schicksal zu,
verlassen von der inneren Ruh,
gerade noch im Glück geschwelgt,
schon verändert sich die Welt.
Die Angst ergreift von dir Besitz,
Gedanken sind ein Geistesblitz.
Festhalten willst du an dem Gewohnten,
Veränderung darf nicht sein.
Du denkst, das ist gemein.
Den Tränen nah, weißt genau, was
geschah, fragst dich: Wie soll's weitergehen?
Hast nicht deine Kraft gesehen.
Hast das Gefühl, gleich durchzudrehen.
Gewissheit willst du jetzt sodann,
doch dies ist eine Kunst, die niemand kann.
Vertrau dem Lauf des Lebens,
denn nur du allein kannst es dir geben.

Fühlst dich krank und deprimiert,
weißt gerade nicht, was hier passiert.
Hoffnung schwindet, keine Ziele,
negative Gedanken sind zu viele.
Angst ergreift von dir Besitz,
oftmals ist es nur ein Blitz,
der dich streift und in dir reift.
Immer mehr setzt sie dir zu, lässt
dich einfach nicht in Ruh'.
Die Angst, macht dich
ganz schwach,
du schaffst es nicht, denkst zu viel nach,
der Bauch, er sagt: Alles nicht so schlimm!
Jedoch der Kopf ist mittendrin.

Es beginnt ein neuer Tag, was
er mir wohl bringen mag?
Kann ich heute dankbar sein?
Oder bin ich wieder mal zerrissen?
Oder wird mich heute das Leben küssen?
Denk ich heute positiv? Oder hat die
Angst mich wieder mal im Griff?
Wovon lass' ich mich heute leiten?
Kann mich gar nicht vorbereiten!
Fang jetzt an mit frohem Mut,
hoffe, heute wird alles gut.

Das alte Jahr vergangen,
ins neue reingehangen,
keine Party, kein Geböller,
hab das Gefühl, alles geht schneller.

Neujahrstag ist jetzt schon da,
denke nach, was alles war,
war's ein gutes Jahr oder so lala?

Es liegt im Auge des Betrachters,
hätte schlimmer kommen können,
denn wir beide sind noch vereint,
hab' so viel um dich geweint.

Frag mich, was wird kommen,
hab' Angst, dass alles mir wird genommen.

Will leben nur im Hier und Jetzt, will,
dass nichts mehr mich verletzt,
will jede Minute genießen, wenn
nur meine Gedanken es zuließen.

Der Reiher auf der Tannenspitze sitzt,
majestätisch, alles hat er im Blick,
er lässt sich nicht beirren,
das ist der ganze Trick.

Er ruft dich auf zur Innenschau,
mach es wie er, dann bist du schlau.

Bewahr' die Ruhe und die Kraft,
dann alles du im Leben schaffst.

Gesehen hat er, was er will,
für ihn steht nun die Welt kurz still.
Nun zieht er sich zurück,
genießt sein kurzes Glück.

Nichts und niemand auf dieser Welt
mag diese Sehnsucht stillen,

traurige Gewissheit,
jahrelang ein ewiges Ringen,

unwohl ist's in den Gedanken,
denn das Leben weist immerzu die Schranken.

Wie soll man damit leben, war es doch ein Bestreben,
die Sehnsucht stillen, das Leben mit Sinn erfüllen.

Vertrauen wechselt wie die Jahreszeiten,
viel zu oft lass ich mich leiten.

Unruh' ergreift Besitz von mir,
kann nicht klar denken im Jetzt und Hier.

Der Körper angespannt, der Geist hat sich
verrannt.
Leben ohne Sinn, was ist in mir drin?

Woher die Angst und Zweifel kommen?
Wer oder was hat mir mein Vertrauen genommen?

Seit Jahren schlepp ich's mit mir rum,
hab keine Ahnung, die Seele bleibt stumm.

Wolken ziehen vorüber,
das ist mir viel lieber,
alles zieht vorbei,
so fühl' ich mich frei.

Du sagst: „Ich liebe dich.“
Ich sage: „Ich fühle es nicht.“
Liegt es an mir oder
liegt es an dir?
Erwartungen drücken dich nieder,
das Gleiche immer wieder.
Wir wollen zu viel und machen zu wenig,
mal sind wir Bettler, mal sind wir König.
Dir genügt es, wenn ich da bin,
für mich ergibt das keinen Sinn.
Ich will Aufmerksamkeit und
Loyalität, will den
Zusammenhalt, den du nicht verstehst.
Bei all diesen Kämpfen
vergessen wir oft,
was uns so verbindet,
denn wir lieben den Zoff.
Wir sind dann wie Kinder,
schalten aus den Verstand,
fühlen uns minder,
vom andern verkannt.

Aufgeregt, kann nicht klar denken,
Purzelbäume im Kopf, ohne mich zu verrenken.
Mutig war ich heute sehr,
vielleicht zu viel des Guten, denk ich mir.
Hoffnung, Träume, die ganze Welt, die steht mir offen,
ein inneres und banges Hoffen.

Warum kann ich nicht sein?
Bin lieber gern allein,
doch Einsamkeit erschwert das Glück,
dann sehn' ich mir den Freund zurück.
Bin nicht gern mit mir,
such zu oft die Tür, sie öffnet sich nur schwer.
Ganz tief da in mir drin, da sitzt der wahre Sinn,
versperr mir selbst den Weg, mal schauen,
wie lange es noch geht.

Die Frage, bin ich richtig, erscheint mir oft so wichtig,
zuviel Analyse, dann gemischte Gefühle, suche nach
Bestätigung, vielleicht auch etwas Entschädigung.
Denn manchmal denk ich das Schicksal, benachteiligt mich,
dabei ist das nur meine subjektive Sicht.

Kurz ausgeruht und eingedöst,
wach geworden und du fehlst.

Traurig sitz ich jetzt hier rum,
mein Herz schreit nur: „Warum,
warum?"

Übelkeit und Weltenschmerz,
der Magen rebelliert, es
schmerzt das Herz.

Will, dass alles bleibt, wie es
war, das wird mir auf einmal
klar.

Und wenn du mir deine Hand gibst,
dann bin ich noch mehr verliebt,
fühle deine Wärme,
fühle deine Nähe,
fühle, was ich in deinen Augen sehe.

Und wenn ich noch so grüble,
erkennen kann ich nichts,
denn vieles ist ein Geheimnis,
das aus der Seele spricht.

Angst entsteht in meinem Kopf, lass mich
von ihr bestimmen, weiß genau, dass das Unsinn
ist, kann sie nicht erklimmen.

Nervös greif' ich mir ins Gesicht,
doch genau das will ich nicht.
Schreckhaft bin ich und ganz
unruhig, denke hin und denke
her, weiß nicht, was ich machen
soll, es plagt mich immer mehr!

Kann es nicht ertragen, Tag für Tag
die gleichen Plagen,
keinen Platz für Sonnenschein,
immer nur am Ende sein.

Seh' kein Licht am Horizont,
tu mich damit schwer,
sehne mich nach Halt,
doch den gibt's nicht mehr.

Meine Gedanken, meine Seele,
keine Schranken, keine Befehle,
manchmal kindlich, manchmal weise,
manchmal schmerzlich,
auf meiner Reise.

Ich wär' so gerne eine Freundin mir,
jedoch ich mich dann irgendwie verlier'.
Die Zweifel haben mich im Griff,
als wäre ich auf einem sinkenden Schiff.
Ich weiß, dass es nicht richtig ist,
und doch verlier' ich mich im Zwist.

Dem Glück jag' ich hinterher,
will alles und dann immer mehr,
kann oftmals nicht zufrieden sein,
steiger' mich dann richtig rein,
fühl mich übergangen,
dabei oft so abgehangen,
vielleicht will ich zu viel,
erkenne nicht das Spiel,
das Leben gibt und nimmt,
jedoch für mich ist nichts bestimmt.

Gedanken Tag für Tag
ich mich damit plag.
Sie kommen einfach an,
ziehen mich in ihren Bann.
Die meisten mich betrüben,
vielleicht sind es auch nur Lügen.
Bin immer auf der Suche nach dem Sinn des Lebens,
doch jeder Gedanke daran ist wohl vergebens.

Das Glück ist oft so flüchtig,
versuche nicht, es festzuhalten,
genieße den Augenblick,
denn irgendwann kommt es doch wieder zurück.

Mutig willst du sein,
doch es trügt der Schein,
willst nach vorne gehen,
bleibst auf halbem Wege stehen,
gibst dich hin dem Zweifel,
hörst nicht auf die Seele,
hast ganz plötzlich Panik,
da der Mut dir fehle.

Die Autorin

Monika Ghezzi wird 1963 im Saarland als Kind einer Österreicherin und eines Italieners geboren. Heute ist sie zertifizierte Lebensberaterin. Die Liebe zum Schreiben entfacht erst in einer späteren Phase ihres Lebens. Neben dem Schreiben und Lesen von Texten zählt die Autorin noch das Malen und die Musik zu ihren Hobbys. Monika Ghezzi ist glücklich verheiratet und Mutter einer erwachsenen Tochter.